Jesus für Kinder

Erste Bibelgeschichten über Jesus und sein Leben

Das Land, in dem Jesus lebte
Kapernaum
See Genezareth
Kana
Galiläa
Magdala
Nazareth
Samaria
Jericho
Emmaus
Jerusalem
Bethanien
Bethlehem
Judäa
Wüste
Totes Meer
N
W
O
S

Jesus für Kinder

Erste Bibelgeschichten über Jesus und sein Leben

Jesus lebte vor 2000 Jahren im Land Palästina. Es gibt viele Geschichten über ihn. Sie alle zeigen, dass er von Anfang an etwas ganz Besonderes war.

Sarah Hall

Mit Bildern von

Lisa Berkshire

BRUNNEN

VERLAG GIESSEN · BASEL

Titel der englischen Originalausgabe:
Who is Jesus?

Aus dem Englischen von Ulrike Zellmer
Lektorat: Irmtraut Fröse-Schreer

Deutsche Ausgabe:

Satz: DTP Brunnen
ISBN 3-7655-6681-0

Inhalt

1 Botschaft von einem Engel

In Nazareth, einer kleinen Stadt in den Bergen, lebte eine junge Frau. Sie hieß Maria. Eines Tages bekam sie Besuch von einem Engel. Maria wunderte sich und fürchtete sich auch ein bisschen.
„Hab keine Angst“, sagte der Engel. „Gott hat eine besondere Aufgabe für dich. Du wirst ein Kind bekommen - Gottes Sohn. Du sollst ihn Jesus nennen.“
Maria verstand das alles nicht. „Wie kann ich ein Kind bekommen?“, fragte sie. „Ich bin doch noch gar nicht verheiratet.“
„Gott wird dafür sorgen“, erklärte der Engel.
„Dann werde ich tun, was Gott will“, sagte Maria.
„Ich habe noch eine Nachricht für dich“, fuhr der Engel fort. „Auch deine Cousine Elisabeth

Maria war die Mutter Jesu. Als der Engel ihr erschien, wohnte sie noch bei ihren Eltern und half dort im Haushalt.

wird ein Kind bekommen, obwohl sie schon sehr alt ist.“
Maria machte sich auf den Weg zu Elisabeth, um mit ihr über diese Botschaft zu sprechen.

Elisabeth war Marias Cousine. Hier unterhält sie sich gerade mit Maria auf dem Dach ihres Hauses. Im Hintergrund erkennst du kleine Felder, die wie Terrassen am Berghang angelegt sind.

2 Jesus wird geboren

Maria war nun schwanger. Ein Engel besuchte ihren Verlobten und sagte: „Josef, pass gut auf Maria und ihr Kind auf.“ Josef versprach es. „Wir werden eine Familie sein“, sagte er zu Maria. „Du weißt ja, dass die Römer, die über unser Land herrschen, alle Leute zählen wollen. Ich muss nach Bethlehem, um meinen Namen auf ihre Liste zu setzen. Meine Familie stammt von dort. Lass uns doch gemeinsam hingehen.“
Und das taten sie auch. Bethlehem war voller Menschen. Maria und Josef mussten in einem Stall übernachten. Dort wurde Jesus geboren.
In dieser Nacht hüteten die Hirten draußen in den Bergen ihre Schafe. Plötzlich sahen sie einen Engel.
„Ich habe eine gute Nachricht für euch!“, rief er. „Heute Nacht wurde ein Kind geboren, ein kleiner Junge. Er ist der Retter der Welt, so wie Gott es versprochen hat. Ihr findet ihn in einem Stall in einer Futterkrippe.“

Maria und Josef mussten in einem Stall Schutz suchen. Dort brachte Maria Jesus zur Welt und legte ihn in eine Futterkrippe.

Am Tag ließen die Hirten ihre Schafe auf dem freien Feld weiden. Am Abend trieben sie die Herde auf einen umzäunten Platz, Pferch genannt. Während sie die Schafe bewachten, kam plötzlich der Engel mit seiner Nachricht zu ihnen.

Die Hirten liefen sofort los. In Bethlehem fanden sie alles genau so, wie der Engel gesagt hatte.

3 Ein Stern zeigt den Weg

Als Jesus geboren wurde, erschien ein neuer heller Stern am Himmel. Den sahen auch einige weise Männer, die weit im Osten wohnten.
Sie dachten alle: „Dieser Stern sagt uns, dass ein neuer König auf die Welt gekommen ist."
Die Männer beschlossen, dem Stern zu folgen. Er führte sie nach Palästina. Als sie nach Jerusalem kamen, erkundigten sich die Fremden im Palast des Herodes, ob jemand von einem neuen König gehört habe.
König Herodes wurde sehr zornig, als er von einem neuen König hörte, und er bekam auch Angst. Er befragte seine Gelehrten. Dann erzählte er den weisen Männer aus dem Osten, was er erfahren hatte: „Die Gelehrten meinen, dass in Bethlehem ein großer König zur Welt kommen soll", sagte er zu den Reisenden.
„Versucht ihn zu finden – und sagt mir dann, wo er wohnt."
Die weisen Männer fanden Jesus tatsächlich in Bethlehem. Sie gaben ihm wertvolle Geschenke: Gold, Weihrauch und Myrrhe. Auf ihrem Heimweg kehrten sie nicht zu Herodes zurück.
Ein Engel sagte zu Josef: „Beeil dich. König Herodes hat von eurem Kind gehört. Er will es töten. Ihr müsst nach Ägypten ziehen und dort so lange bleiben, bis ihr hier wieder sicher wohnen könnt."

König Herodes herrschte als Stellvertreter der Römer in Palästina. Er ließ viele Menschen umbringen, um an der Macht zu bleiben – sogar seine eigene Frau. Als Herodes von dem neugeborenen König hörte, fühlte er sich bedroht und wollte auch ihn töten lassen. Doch Jesus und seine Familie konnten rechtzeitig entkommen.

Ein Engel riet Josef im Traum, vor Herodes zu fliehen. Da zog Josef mit seiner Familie nach Ägypten. Die Reise dauerte viele Tage.

4 Jesus wächst heran

Als Josef und Maria hörten, dass Herodes gestorben war, kehrten sie wieder nach Nazareth zurück. Dort wuchs Jesus zusammen mit anderen Kindern auf.

Jesus spielt mit den anderen Kindern.

Jesus geht zur Schule. Sie befindet sich direkt neben der Synagoge. Der Lehrer, ein Rabbi, bringt den Kindern Lesen und Schreiben bei.

Jesus lernte Hebräisch lesen, die alte Sprache seines Volkes. Wie alle Jungen wird er eines Tages am Sabbat in der Synagoge aus den heiligen Schriften lesen.

Ein Junge lernte damals meist das Handwerk seines Vaters. Josef war Zimmermann und brachte Jesus bei, wie Holz bearbeitet wird.

5 Besuch im Tempel

Mit zwölf Jahren war Jesus alt genug, um zum Passafest mit in den Tempel von Jerusalem zu gehen. An Passa feierten die Juden, dass Gott sie vor langer Zeit aus der Sklaverei in Ägypten befreit hatte. Jesus wanderte zusammen mit seiner Familie und vielen anderen Leuten aus Nazareth nach Jerusalem.

Als das Fest zu Ende war, machten sich alle auf den Heimweg. Doch am Abend merkten Maria und Josef, dass Jesus nicht in ihrer Reisegruppe war.

Sofort liefen sie nach Jerusalem zurück. Sie machten sich große Sorgen um Jesus. Überall suchten sie nach ihm. Und dann fanden sie ihn endlich: im Tempel. Dort redete er mit gelehrten Männern. Er stellte ihnen Fragen über Gott und gab auch selbst gute Antworten.

„Warum hast du das getan und uns solche Sorgen gemacht?“, fragte Maria.

„Dies ist das Haus meines Vaters“, antwortete Jesus. „Warum habt ihr mich überhaupt gesucht? Wisst ihr denn nicht, dass ich im Haus meines Vaters sein muss?“

Jesus reist mit vielen anderen Leuten aus Nazareth nach Jerusalem. Schon von weitem sehen sie den Tempel, der hinter der Stadtmauer auf einem Hügel steht.

Jesus sitzt bei den Lehrern in der Säulenhalle des Tempels. Die Männer haben die alten Schriften studiert. Deshalb wissen sie viel über die Geschichte ihres Volkes und ihren Gott.

6 Taufe im Jordan

Jesus wuchs heran. Und auch Elisabeths Sohn Johannes war schon ein junger Mann. Eines Tages sprach Gott zu Johannes. Johannes wurde Prophet, und die Menschen glaubten, dass er die Dinge so sah, wie Gott sie sieht.
Johannes lebte allein mitten in der Wüste. Die Leute kamen von weit her, um zu hören, was er über Gott zu sagen hatte.
Johannes forderte die Menschen auf, ihr Leben zu ändern und es so zu führen, wie Gott es wollte. Manche fassten den Entschluss, noch einmal ganz von vorn anzufangen. Johannes taufte sie. Er tauchte sie im Fluss Jordan unter – als Zeichen, dass sie ihr altes Leben hinter sich ließen und ein neues begannen.

Johannes war ein Prophet. Er trug einfache Kleider, hatte langes Haar und einen Bart. Die unterschiedlichsten Menschen kamen, um ihm zuzuhören: Eltern mit Kindern, reiche Leute und sogar Soldaten.

Eines Tages sah Johannes, dass auch Jesus in der Menge stand, um sich taufen zu lassen. Johannes wusste, dass Jesus nichts Unrechtes getan hatte und deshalb keinen neuen Anfang in seinem Leben machen musste. Aber Jesus wollte genauso behandelt werden wie jeder andere. Da taufte Johannes ihn.
Als Jesus aus dem Wasser auftauchte, sahen die Menschen, wie etwas vom Himmel auf ihn herabkam. Es sah aus wie eine Taube. Ihnen war klar: Das ist Gottes Geist. Dann sagte Gott laut zu Jesus: „Du bist mein Sohn. Ich habe dich lieb und freue mich über dich.“

Jesus wird von Johannes im Jordan getauft. Von nun an erzählt er den Menschen die gute Nachricht von Gott. Eine Nachricht, die die ganze Welt verändert.

7 Begegnung in der Wüste

Jesus gab seinen Beruf als Zimmermann auf. Er wusste, dass Gott einen besonderen Auftrag für ihn hatte. Doch zunächst zog sich Jesus in die Wüste zurück. Viele Tage lang aß und trank er nichts. Da kam der Teufel zu ihm. Der wollte Jesus von seiner Aufgabe abbringen.

„Warum verwandelst du diese Steine nicht in Brot?“, flüsterte er Jesus zu. „Wenn du wirklich Gottes Sohn bist, müsstest du das doch können!“

„Nein“, antwortete Jesus. „In den heiligen Schriften steht, dass die Menschen mehr brauchen als nur Brot – sie müssen auch auf das hören, was Gott ihnen sagt.“

„Dann tu doch mal etwas ganz Außergewöhnliches“, versuchte es der Teufel noch einmal. „Wenn du wirklich Gottes Sohn bist, werden seine Engel dich schon beschützen. Dann sehen die Leute, wie mächtig du bist.“

„Nein“, antwortete Jesus. „In den heiligen Schriften steht, dass wir Gott nicht zum Spaß testen sollen.“

„Wenn du das tust, was ich sage, mache ich dich zum Herrscher über die ganze Welt“, sagte der Teufel.

Jesus war lange Zeit in der Wüste. Dort lebten viele wilde Tiere.

„Nein“, erwiderte Jesus. „In den heiligen Schriften steht, dass wir nur Gott gehorchen sollen.“ Da ging der Teufel weg.

8 Jesus und seine Freunde

Jesus wollte allen Menschen zeigen, wie sehr Gott sie liebt. Er suchte sich Freunde, die ihm bei dieser Aufgabe helfen sollten. Das waren ganz unterschiedliche Leute: Zuerst einmal die beiden Brüderpaare Simon und Andreas, Jakobus und Johannes, die als Fischer arbeiteten. Simon wurde auch Petrus genannt, der Fels. Philippus kam aus derselben Stadt wie Simon und Andreas. Er brachte Nathanael mit.

Jesus hatte ganz verschiedene Freunde. Ihm war jeder lieb, der ihm zuhören wollte: Kinder, Frauen und Männer.

Matthäus hatte als Steuereinnehmer für die Römer gearbeitet. Ein zweiter Simon war ein Freiheitskämpfer gegen die Römer gewesen. Dann gehörten noch Thomas, ein weiterer Jakobus und zwei Männer, die Judas hießen, zum engsten Freundeskreis.
Auch Frauen und Kinder folgten Jesus, zum Beispiel Maria aus Magdala. Sie alle hatten nun kaum noch Zeit zum Geldverdienen. Wenn sie durchs Land zogen, übernachteten sie bei anderen Freunden von Jesus. Dort bekamen sie auch zu essen und zu trinken.

Matthäus nahm Steuern und Zoll für die Römer ein. Er hält gerade eine Waage in der Hand, mit der er die Münzen wiegt.

Simon kämpfte, weil er sein Land von den Römern befreien wollte. Dabei griff er auch zum Schwert.

Einige Freunde von Jesus waren Fischer am See Genezareth. Hier halten Simon und Andreas in ihrem Boot das eine Ende eines Netzes fest, Jakobus und Johannes in ihrem Boot das andere Ende. Die Fische schwimmen ins Netz. Dann ziehen die Fischer es in eins der Boote – oder gemeinsam bis ans Ufer.

9 Das Wunder bei der Hochzeitsfeier

Eines Tage waren Jesus und seine Freunde zu einer großen Hochzeit eingeladen. Nach einer Weile flüsterten die Leute sich zu: „Der Wein ist ausgegangen. Wie peinlich!“

Da sagte Maria zu ihrem Sohn: „Jesus, du musst ihnen helfen!“ Aber Jesus antwortete: „Es ist noch nicht die rechte Zeit für mich, etwas zu tun.“

Doch Maria ließ sich nicht beirren. Sie befahl den Dienern: „Tut, was er euch sagt.“

Nun forderte Jesus die Männer auf, große Steinkrüge mit Wasser zu füllen. Dann ließ er einen Becher davon zu dem Mann bringen, der für das Fest verantwortlich war.

Der Mann probierte das Wasser und rief: „Das ist der beste Wein, den ich heute getrunken habe.“

Jesus hatte Wasser zu Wein gemacht!

Bei dieser Hochzeitsfeier wird der Bräutigam von seinen Freunden zu seiner Braut getragen.

Braut und Bräutigam sitzen unter dem Hochzeitsdach. Sie tragen festliche Kleider.

Die Hochzeitsgäste tanzen,
singen und freuen sich.

10 Der Sturm legt sich

Jesus reiste mit seinen Freunden zu den Dörfern und Städten an beiden Ufern des Sees Genezareth. Eines Nachts waren sie wieder unterwegs. Die Fischer segelten das Boot, und plötzlich brauste ein heftiger Sturm auf. Das Boot schaukelte hin und her, und die Wellen schwappten hinein.
„Hilfe!“, schrien die Männer. „Wir werden sterben.“
Jesus schlief hinten im Boot. „Wach auf!“,

riefen seine Freunde. „Merkst du denn nicht, in welcher Gefahr wir sind?“
Da stand Jesus auf.
„Schweig still“, sagte er zum Wind. „Gebt Ruhe“, sagte er zu den Wellen. Sofort legte sich der Sturm. Darüber wunderten sich Jesu Freunde sehr.
„Wer ist dieser Jesus?“, fragten sie einander.

Das Fischerboot, in dem Jesus fuhr, hatte ein Segel und ein Steuerruder. Es war gerade groß genug für Jesus und seine Freunde.

11 Ein römischer Hauptmann in Not

Bald begannen die Leute, über Jesus zu reden. Er konnte Wunder vollbringen! Kranke wurden gesund, wenn er sie nur anrührte!
Einmal war der Diener eines römischen Hauptmanns sehr krank geworden. Der Hauptmann eilte zu Jesus, dem Wundertäter, und flehte ihn um Hilfe an. Dabei wusste der Soldat ganz genau, dass die Juden die Römer nicht mochten.
Aber Jesus fragte ihn gleich: „Möchtest du, dass ich zu dir nach Hause komme?“
Der Hauptmann antwortetete: „Ach, Herr, das brauchst du nicht. Gib nur einen Befehl, dann wird mein Diener bestimmt gesund. Ich erteile ja auch Befehle, und dann tun die Leute, was ich will. Es genügt völlig, wenn du eine Anweisung gibst.“

Jesus staunte sehr. „Mein eigenes Volk hat nicht so viel Vertrauen zu mir wie dieser Römer“, sagte er zu den Leuten, die bei ihm waren. „Aber alle Menschen können Freunde Gottes sein.“ Dann wandte sich Jesus an den Hauptmann: „Geh jetzt nach Hause. Du wirst sehen, dass geschehen wird, was du mir zutraust.“
Und als der Hauptmann nach Hause kam, war sein Diener gesund.

Ein römischer Soldat, der ein Kettenhemd trägt, spricht mit Jesus.

Viele Römer hatten Diener, die den Haushalt versorgten.

römische Diener

ein reiches römisches Ehepaar

Der Mann erteilt seinen Dienern Anweisungen

12 Ein Gelähmter kann wieder laufen

Vier Männer grübelten verzweifelt nach. Ihr Freund war krank. Er konnte sich nicht bewegen. Was sollten sie tun? „Jesus ist in dem Haus dort drüben“, murmelten sie. „Aber da sind schon so viele Menschen, dass wir mit unserem Freund nicht zu ihm vordringen können.“
Plötzlich hatten sie eine gute Idee. „Wir öffnen das Dach. Dann lassen wir unseren Freund in seinem Bett durch das Loch zu Jesus hinunter!“ sagten sie.
Die Männer stiegen die Stufen hinauf auf das flache Dach. Dann öffneten sie die Lehmdecke und ließen ihren Freund ins Haus hinunter – bis er direkt vor Jesus lag.
Jesus lächelte und sagte: „Deine Freunde haben viel Vertrauen zu mir. Und dir sind deine Sünden vergeben.“
Die religiösen Führer waren schockiert. „Nur Gott kann den Menschen vergeben“, flüsterten sie. „So etwas darf Jesus nicht sagen.“
Jesus wusste, was sie dachten. Deshalb fragte er sie: „Warum habt ihr so böse Gedanken? Was ist leichter – zu sagen: ‚Deine Sünden sind vergeben‘ oder diesen Mann zu heilen?“ Dann sagte er zu dem Gelähmten: „Steh auf und geh. Trag dein Bett nach Hause.“
Da stand der kranke Mann auf und lief nach Hause.

Vier Männer tragen ihren kranken Freund über die Treppe auf das Dach des Hauses. Dort wurden Waren gelagert, und in warmen Nächten schliefen die Menschen auch hier draußen.

Die Männer haben ein Loch in die Lehmdecke gegraben, um ihren Freund zu Jesus zu bringen. Die Häuser in Palästina hatten flache Dächer, die oft repariert werden mussten. Es war ganz leicht, ein Loch ins Dach zu machen – und es wieder zu schließen.

13 Jesus erzählt Geschichten

Die Menschen kamen in Scharen zu Jesus. Besonders gern hörten sie seine Geschichten. Sie handelten von ganz alltäglichen Dingen des Lebens. Aber sie hatten immer eine besondere Bedeutung. In den Geschichten drehte sich alles um Gott und das Leben in Gottes Reich.

Bei einem Fest sagte Jesus: „Heute erzähle ich euch von einem reichen Mann, der auch ein großes Fest geben wollte. Er lud seine Freunde ein und plante alles für das Fest. Als es so weit war, ließ er die Gäste wissen: ‚Nun könnt ihr kommen. Es ist alles fertig.‘

‚Tut mir Leid‘, sagte der Erste. ‚Ich habe gerade viel zu tun. Ich kann nicht kommen.‘

Einer nach dem anderen ließ sich entschuldigen. Niemand hatte mehr Zeit für das Fest. Der Gastgeber war ärgerlich. ‚Also gut‘, sagte er zu seinem Diener. ‚Geh auf die Straße und lade alle ein, die kommen wollen – arme Leute und solche, die nicht laufen können oder keine Arbeit finden. Die sind nicht zu beschäftigt. Sie werden kommen.‘ So war es auch: Die Menschen beeilten sich, zu dem schönsten Fest zu kommen, das sie je gefeiert hatten.“

Hier feiern die Leute im Stil der Römer. Sie liegen um einen niedrigen Tisch und genießen das Festessen.

Trauben | Feigen | Fladenbrot | Wein

Oliven Gemüsesuppe Kräutersalat gebratenes Fleisch

14 Geschichten vom Reich Gottes

Jesus redete oft vom „Reich Gottes“.
„Das Reich Gottes ist wie ein Senfkorn“, sagte Jesus. „Es ist so klein, dass man es kaum sehen kann. Aber es wächst zu einem Baum, der groß genug ist, dass die Vögel ihre Nester darin bauen können.
Das Reich Gottes ist wie Sauerteig, den man mit Mehl vermischt, um Brot zu backen. Schon ein wenig Sauerteig lässt den Teig so aufgehen, dass man daraus ein großes Brot backen kann.“
Was also ist das Reich Gottes? Es beginnt im Kleinen, aber es bewirkt große Veränderungen.

Jesus erzählte eine Geschichte über das Brotbacken. So wurde es gemacht:

Jesus erzählte eine Geschichte über ein Samenkorn, das zu einem Baum heranwächst. Hier siehst du einen Baum, auf dem Vögel sitzen, wie Jesus sie in Palästina gesehen hat.

Teig kneten

Teig gehen lassen

flache Laibe formen

Brote im Ofen backen

15 Ein Vater vergibt seinem Sohn

„Es war einmal ein Vater, der hatte zwei Söhne. Der Älteste arbeitete fleißig auf dem Bauernhof. Der Jüngere wollte mehr Spaß im Leben haben. ‚Ich möchte schon jetzt das Geld haben, dass ich einmal erben werde. Ich will weg hier!', sagte er. Sein Vater war sehr traurig, als er ihn fortgehen sah. Der Sohn lief in eine weit entfernte Stadt. ‚Ich werde mir schöne Dinge kaufen und Feste feiern', freute er sich. Und er machte sich wirklich ein lustiges Leben.

Doch irgendwann ging ihm das Geld aus. Er musste sich eine Arbeit suchen. Das war aber gar nicht leicht. Am Ende fand er eine Stelle als Schweinehirt. Er hatte solchen Hunger, dass er sogar das Schweinefutter essen wollte.

‚Ich will wieder nach Hause', sagte er sich. ‚Als Diener auf dem Hof meines Vaters wird es mir viel besser gehen als jetzt.'

Also machte sich der junge Mann auf den Heimweg.

Sein Vater sah ihn schon von weitem und lief ihm entgegen. Er feierte ein Fest, weil sein Sohn nach Hause gekommen war!

Der älteste Sohn war ärgerlich. ‚Das verdient mein Bruder nicht', sagte er.

‚Freu dich doch mit!' erwiderte der Vater. ‚Es ist, als wäre dein Bruder tot gewesen, und nun haben wir ihn wiederbekommen.'"

In dieser Geschichte wurde der jüngere Sohn ein Schweinehirt. Für die Juden sind Schweine unreine Tiere. Auf Schweine aufzupassen war deshalb die schlimmste Arbeit, die sich ein jüdischer Mann vorstellen konnte.

Der ältere Sohn blieb zu Hause auf dem Hof. Hier siehst du, was es dort alles zu tun gab:

16 Von der Liebe zum Mitmenschen

Die religiösen Führer machten sich Sorgen. Was Jesus erzählte, passte nicht immer zu den Gesetzen, die sie für wichtig hielten.
„Welches ist das größte Gebot, das Gott uns in unseren heiligen Schriften gegeben hat?", fragte einer von ihnen Jesus.
„Liebe Gott von ganzem Herzen und deinen Mitmenschen wie dich selbst", antwortete Jesus.
„Aber wie sollen wir wissen, wer unser Mitmensch ist?", bohrte der Gelehrte weiter. Da erzählte Jesus diese Geschichte:
„Ein Mann reiste von Jerusalem nach Jericho. Auf dem Weg wurde er von Räubern überfallen. Sie ließen ihn verletzt auf der Straße liegen. Dann kam ein Priester die Straße entlang. Als er den Verletzten sah, erschrak er sehr und eilte vorbei. Genauso verhielt sich der nächste Passant, ein Levit. Er warf einen kurzen Blick in Richtung des verletzten Mannes und machte einen großen Bogen um ihn.
Schließlich kam noch ein Reisender, ein Samariter – ein Außenseiter. Als er den Überfallenen sah, blieb er stehen. Er verband dem Mann die Wunden, brachte ihn in ein Gasthaus und gab dem Wirt Geld, damit er den Verletzten gesund pflegte.
Was meinst du: Wer hat an dem Überfallenen wohl als Mitmensch gehandelt?", fragte Jesus.
„Der, der ihm geholfen hat", antwortete der Gelehrte.

Der Priester – er leitete den Gottesdienst im Tempel.

Der Levit – er war ein Tempeldiener.

Der Samariter. Juden und Samariter waren Feinde. Sie hatten unterschiedliche Vorstellungen davon, wie man Gott dient und anbetet.

Auf dieser steinigen Straße zwischen Jerusalem und Jericho wurde der Reisende überfallen und vom Samariter gerettet. In den Bergen gab es viele Höhlen, in denen sich Räuber verstecken konnten.

17 So ist Gott

Manchmal sprach Jesus auch direkt von Gott – ohne eine Geschichte zu erzählen.
„Gott ist Liebe“, sagte Jesus. „Gott hat die Sonne und den Regen für alle gemacht. Wenn ihr also so leben wollt, wie es Gott gefällt, müsst ihr jeden Menschen lieben – nicht nur eure Freunde, sondern auch eure Feinde.
Tut nicht nur Gutes, weil ihr damit angeben wollt“, warnte er. „Gott sieht die Taten der Liebe, die ihr im Verborgenen tut. Eure Güte ist wie ein Licht, das in der Dunkelheit scheint, und die Menschen werden Gott für euch danken.
Wenn ihr so lebt, braucht ihr euch keine Sorgen zu machen, was ihr essen, trinken oder anziehen sollt. So wie Gott sich um die Vögel und Blumen kümmert, wird er sich auch um euch kümmern.“

Zur Zeit Jesu sprachen manche fromme Menschen ihre Gebete mitten auf der Straße, damit alle Leute sie sehen und bewundern konnten.

Jesus warnte davor, aus einem falschen Grund Gutes zu tun, zum Beispiel, um von anderen beachtet zu werden.

Mohn

Habichtskraut

Klee

Solche Wildblumen wuchsen in der Gegend, wo Jesus lebte. Er sagte, dass Gott sogar die Blumen sehr schön gemacht hat, die nur einen einzigen Tag lang blühen. Wie wichtig müssen ihm dann wohl die Menschen sein!

18 Werdet wie die Kinder

Eines Tages fragten seine Freunde Jesus: „Wer ist der Größte in Gottes Reich?"
Da zeigte Jesus auf ein Kind und sagte: „Wenn ihr nicht werdet wie die Kinder, könnt ihr nicht ins Reich Gottes kommen. Wenn ihr ein Kind willkommen heißt, dann heißt ihr mich willkommen."

Zur Zeit Jesu galten Kinder erst etwas, wenn sie alt genug waren, um zu arbeiten und ihren Eltern zu helfen. Hier siehst du, was zu den täglichen Aufgaben der Kinder gehörte:

Bei Jesus sind Kinder willkommen. Und auch Gott hat sie sehr lieb.

Wasser holen
das Haus ausbessern
Getreide mahlen
Getreide dreschen
Obst ernten
den Esel führen, der die Olivenpresse dreht
weben
ein Lamm versorgen
Schafe hüten

19 Wer ist Jesus?

Wo Jesus auch hinging, immer versammelten sich Menschen um ihn – aus ganz unterschiedlichen Gründen. Sie wollten sehen, ob er wieder ein Wunder tat. Und sie wollten hören, was er von Gott erzählte.
Eines Tages fragte Jesus seine Freunde: „Was sagen die Leute über mich?“
Darauf gab es viele Antworten: „Manche sagen, dass du und dein Cousin Johannes die gleiche Person seid“, erwiderten die Jünger. „Andere glauben, du bist ein Prophet – jemand, der im Namen Gottes spricht, wie es in unseren heiligen Schriften steht.“
„Und was meint ihr, wer ich bin?“, wollte Jesus nun wissen.
Zuerst schwiegen die Männer. Nach einer Weile ergriff Petrus das Wort. „Ich glaube, dass du der bist, den Gott auserwählt hat, um uns Gottes Liebe zu bringen.“
Einige Tage später stiegen Petrus, Jakobus und Johannes zusammen mit Jesus auf einen Berg. Sie sahen, wie Jesus sich plötzlich verwandelte. Seine Kleider wurden leuchtend weiß, und er redete mit Mose und Elia, den beiden großen Propheten, die schon viele Jahrunderte zuvor gestorben waren.

Jesus machte viele Menschen gesund. Dieses kleine Mädchen war so krank, dass sie starb. Aber Jesus brachte sie wieder ins Leben zurück.

Jesus war ein Lehrer und hatte viel über Gott zu sagen. Die Menschen unterbrachen ihre Arbeit, um Jesus zuzuhören.

Jesus ist etwas ganz Besonderes. Das jüdische Volk wartete auf einen neuen König, der von Gott auserwählt war – den Messias oder Christus. Petrus war überzeugt, dass Jesus dieser Messias sei. Hier sehen Petrus, Jakobus und Johannes, wie Jesus mit Mose und Elia spricht. Sie glauben, dass dies ein Zeichen ist, dass Jesus von Gott geschickt wurde.

20 Zachäus, der Steuereinnehmer

Zachäus lebte in Jericho und war ein Zolleinnehmer. Niemand mochte ihn, denn er nahm den Menschen viel mehr Geld ab, als er musste. Jesus kam nach Jericho, und Zachäus wollte ihn unbedingt sehen. Weil Zachäus aber sehr klein war, beschloss er, auf einen Baum zu steigen. Von dort oben würde er diesen Jesus ganz genau beobachten können.
Jesus kam – und schaute zu der Baumkrone hoch. Er sah den kleinen Mann, den keiner leiden konnte, und rief ihm zu: „Komm herunter. Ich möchte mit zu dir nach Hause gehen."
Zachäus war sehr glücklich darüber, dass Jesus ihn kennen lernen wollte!
Nachdem Jesus eine Weile bei ihm gewesen war und mit ihm geredet hatte, wurde der kleine Zolleinnehmer plötzlich ein ganz anderer Mensch: Er gab all das Geld zurück, das er den Leuten zu Unrecht abgenommen hatte, und sogar noch mehr.

Zachäus war Steuereinnehmer. Er arbeitete für die Römer. Hier sammelt er an seinem Stand auf dem Marktplatz das Geld ein.

Münzen zur Zeit Jesu

Zachäus versteckte sich auf einem Baum. Aber Jesus sah hoch und entdeckte ihn.

21 Zwei sehr verschiedene Schwestern

Jesus hatte viele Freunde. Auch Marta und ihre Schwester Maria gehörten dazu.
Die beiden Schwestern waren sehr verschieden: Maria hörte Jesus gerne zu. Aber Marta dachte auch an die viele Hausarbeit, die getan werden musste. Als sie Maria bei Jesus sitzen sah, wurde sie ärgerlich. „Warum hilft Maria mir nicht?“, fragte sie Jesus.
Aber Jesus verteidigte Maria. „Maria wollte mir lieber zuhören“, sagte er. „Sie hat es ganz richtig gemacht.“

Marta kümmerte sich um den Haushalt. Schau mal, was sie alles zu tun hatte:

Maria hörte Jesus zu. Er sprach gerne zu ihr. Die meisten anderen Lehrer jener Zeit unterrichteten keine Frauen.

22 So ist Jesus

Jesus benutzte viele verschiedene Beispielen, um zu beschreiben, wie er ist:
„Ich bin Brot“, sagte er. „Wenn ihr mit mir geht, werdet ihr nie mehr Hunger haben.
Ich bin Licht. Wenn ihr auf mich hört, werdet ihr nicht im Dunkeln laufen.
Ich bin der gute Hirte. Wenn meine Schafe in Gefahr sind, gebe ich mein Leben für sie.
Ich bin das Leben“, sagte Jesus zu Marta, als ihr Bruder Lazarus gestorben war. „Wenn du an mich glaubst, wirst du ewig leben, auch wenn du stirbst.“ Und dann rief er Lazarus ins Leben zurück.

Brot war damals das wichtigste Lebensmittel. Jesus sagte: „Ich bin das Brot des Lebens.“

Eine Öllampe erhellt die Dunkelheit. Jesus sagte: „Ich bin das Licht.“

Ein Hirte findet sein Schaf, das sich verirrt hat. Jesus sagte: „Ich bin der gute Hirte.“

Ein Toter wird wieder lebendig! Lazarus kommt aus seinem Grab heraus. Jesus hat ihn von den Toten auferweckt.

23 Begeisterter Empfang

Jesus wanderte drei Jahre lang mit seinen Freunden durch Palästina. Er erzählte den Menschen von Gott und Gottes Reich. Er zeigte ihnen, wie man ein Leben führt, das Gott gefällt. Schließlich kam Jesus nach Jerusalem. Er ritt auf einem Esel. Damit zeigte er, dass er in friedlicher Absicht kam.

Scharen von Menschen waren in Jerusalem zusammengekommen, um dort das Passafest zu feiern. Sie sahen Jesus und wussten, dass etwas Besonderes geschehen würde. Viele jubelten ihm zu. Manche schwangen Palmenzweige. Andere warfen ihre Mäntel als Teppich auf den Boden, damit Jesus darüber reiten konnte.

Aber nicht alle waren von Jesus begeistert. Einige religiöse Führer mochten ihn nicht. „Er hält sich nicht an alle Gesetze“, sagten sie. „Und er befreundet sich mit Menschen, die noch schlimmer sind!“

Andere hatten Angst, dass er das jüdische Volk dazu anstiften würde, gegen die römischen Herrscher zu kämpfen und dass dabei viele Menschen zu Schaden kommen oder sogar sterben würden.

Jesus wusste, dass er Feinde hatte. „Es wird Schwierigkeiten geben“, warnte er seine Freunde. Aber sie verstanden ihn nicht.

Jesus reitet auf einem Esel in
die Stadt Jerusalem. Hinter
den Mauern steht der Tempel.

24 Ordnung im Tempel

Jesus ging in den Tempel. Das sollte ein besonderer Ort sein, an dem die Menschen zusammenkommen konnten, um mit Gott zu reden und auf ihn zu hören. Aber was sah Jesus dort? Auf dem Tempelplatz herrschte ein wildes Durcheinander: Die Leute kauften und verkauften Opfertiere. Andere wechselten ihr Geld in die teuren Tempelmünzen um. In diesem lauten und geschäftigen Treiben dachte kaum jemand an Gott. Es ging nur darum, gute Geschäfte zu machen.

Darüber wurde Jesus sehr zornig. Er stieß die Tische der Händler um, sodass die Tauben hochflogen und die Münzen über den Boden rollten. „Ihr habt Gottes Haus zu einer Räuberhöhle gemacht!“, rief er.

Die Händler machen im Tempel gute Geschäfte. Es war eine alte jüdische Sitte, Gott große oder kleine Tiere zu schenken. Das nannte man ein Opfer. Die Menschen gaben etwas Wertvolles her – als Zeichen, dass Gott ihnen noch mehr wert war.

Jesus jagt die Händler aus dem Tempel.

25 Die letzte Mahlzeit

Jesus war zum Passafest nach Jerusalem gekommen. Am Abend traf er sich mit seinen Freunden zu einem besonderen Festmahl. Vor dem Essen ging Jesus von einem zum anderen und wusch ihnen wie ein Diener die Füße.
Dann sagte Jesus: „So, wie ich mich um euch kümmere, so sollt ihr euch umeinander kümmern."
Während der Mahlzeit erinnerten sie sich daran, dass ihr Volk vor langer Zeit aus der Sklaverei in Ägypten befreit worden war. Aber Jesus blickte nicht nur zurück, sondern nach vorne. Er wollte, dass dieses Essen eine neue Bedeutung erhielt. Es sollte seine Freunde in Zukunft an ihn erinnern.

Dann nahm Jesus das Brot, dankte Gott dafür, brach es in Stücke und sagte zu seinen Freunden: „Dies ist mein Leib."
Anschließend hob Jesus einen Becher Wein, dankte Gott und sagte: „Dies ist mein Blut, das für euch vergossen wird."
Während der Mahlzeit ging Judas, einer der Freunde, hinaus. Das sah Jesus. Er wusste, dass Judas vorhatte, ihn an seine Feinde zu verraten.

Im heißen und staubigen Palästina war es die Aufgabe eines Dieners, den Gästen vor dem Essen die Füße zu waschen. Hier wäscht Jesus die Füße seiner Freunde.

Jesus sah, wie Judas das Festmahl vorzeitig verließ. Jesus wusste, dass Judas ihn verraten und im Stich lassen wollte.

26 Jesus ist allein

Judas ging zu den religiösen Führern, die Jesus hassten, und verriet ihnen, wo sie Jesus finden konnten. Als die Soldaten Jesus schließlich im Garten Gethsemane verhafteten, bekamen seine Freunde solche Angst, dass sie wegliefen.
Jesus wurde zum Hohenpriester gebracht.
„Erzähl mir noch mehr über deine Lehre“, forderte er Jesus auf.
„Ich habe offen über alles geredet“, antwortete Jesus. „Es gibt nichts mehr zu sagen.“
Der Hohepriester und die anderen religiösen Führer waren schon zu dem Schluss gekommen, dass Jesus beseitigt werden sollte. Sie brachten ihn zu Pontius Pilatus, dem römischen Herrscher.
„Dieser Jesus will ein König sein“, sagten sie.

Jesus betet im Garten Gethsemane.

Soldaten nehmen ihn gefangen.

Der Hohepriester beschuldigt Jesus.

Pilatus, der römische Statthalter, soll Jesus bestrafen.

„Das ist eine Bedrohung für dich und die Römer. Du musst ihn zum Tod verurteilen." Pilatus glaubte nicht, dass Jesus den Tod verdient hatte. Aber Jesu Feinde hatten draußen eine große Menschenmenge zusammengebracht. „Töte ihn, kreuzige ihn!", riefen die Leute. Pilatus fürchtete sich vor einem Volksaufstand. Er gab den Befehl, Jesus zu kreuzigen.

Nur wenige seiner Freunde und seine Mutter waren in der Nähe, als Jesus am Kreuz starb.

27 Im Garten

Josef war ein einflussreicher und reicher Mann. Er gehörte zu den heimlichen Freunden Jesu und tat für ihn, was noch möglich war. „Bitte lass mich Jesu Leichnam abnehmen", bat Josef den Pilatus. „Ich will ihn begraben."
Josef und seine Helfer hatten nur wenig Zeit. Es war Freitag, und sie mussten Jesus vor Sonnenuntergang begraben. Denn dann begann der Sabbat, an dem sie nach jüdischer Sitte nicht arbeiten durften. Zum Schluss schoben die Männer einen schweren Felsblock vor den Eingang des Grabes.
Früh am Sonntagmorgen kam Maria von Magdala mit einigen anderen Frauen zum Grab. Dort machten sie eine erschreckende Entdeckung: Das Grab war offen, und es lag kein Leichnam darin.

Die Frauen erzählten Petrus und Johannes was sie erlebt hatten. Aber die glaubten ihnen erst, als sie es mit ihren eigenen Augen sahen. Maria blieb am Grab stehen. Sie war ganz durcheinander. „Wer hat Jesu Leichnam weggenommen?", fragte sie einen, den sie in der Nähe stehen sah und für den Gärtner hielt. Der Mann drehte sich um. Da erkannte Maria ihn: Es war Jesus! Jesus lebte!

Wenn jemand gestorben war, wurde sein Körper mit Öl und verschiedenen Kräutern gesalbt. Anschließend wickelte man ihn in Leinentücher. Der Leichnam wurde dann auf ein Brett in der Grabhöhle gelegt, deren Eingang man mit einem Felsblock verschloss.

Die Frauen kommen ans Grab.
Sie schauen nach dem Leichnam.
Maria sieht einen Mann und fragt ihn nach Jesus.

28 Die gute Nachricht verbreitet sich

Jesu Freunde hörten, was geschehen war. Konnten sie so eine Geschichte wirklich glauben? Zwei von ihnen beschlossen, von Jerusalem in das Dorf Emmaus zu gehen. Unterwegs trafen sie einen Fremden. Er fragte sie, worüber sie gerade so eifrig redeten.

„Wir dachten, Jesus würde uns Gottes Reich bringen", sagten sie traurig zu ihm. „Aber man hat ihn hingerichtet. Und als einige Frauen sein Grab besuchen wollten, war es leer!"

„Aber ihr wisst doch aus den heiligen Schriften, dass Gottes Auserwählter leiden muss", erwiderte der Fremde. „Wenn Jesus dieser Auserwählte war, musste es so geschehen."

Bald kamen sie nach Emmaus. Die Reisenden luden den Fremden zum Abendessen ein. Er brach das Brot vor dem Essen und dankte Gott dafür. In dem Moment gingen den beiden Männern die Augen auf und sie erkannten: Der Fremde war Jesus!

Auch andere Freunde sahen Jesus. Doch eines Tages erschien er ihnen zum letzten Mal, um sich von ihnen zu verabschieden. Bevor Jesus wieder in den Himmel zurückkehrte, sagte er seinen Freunden, dass sie in Jerusalem bleiben und warten sollten, bis Gott ihnen Hilfe schickte.

Am jüdischen Pfingstfest waren wieder alle versammelt, die zu Jesus hielten. Da gab es ein mächtiges Rauschen. Dann sahen die Männer etwas wie Feuer, das sich in kleine Flammen zerteilte. Auf jeden von ihnen ließ sich eine Flammenzunge nieder. Da wussten sie: Das war Gottes Geist!

Seitdem spüren die Menschen, wer Jesus ist, indem sie einander helfen, miteinander über Gott und Jesus sprechen und beim Abendmahl Brot

Die beiden Männer erkennen Jesus, als er das Brot bricht.

und Wein miteinander teilen. Alle, die zu Jesus halten, wissen, dass Gottes heiliger Geist sie nicht allein lässt. Er hilft ihnen, so zu leben, wie es Gott gefällt.

Petrus war fest davon überzeugt, dass Gottes Geist ihm die Kraft und den Mut gab, den Menschen von Jesus zu erzählen. Hier spricht er zu einer Menschenmenge in Jerusalem. Die Botschaft von Jesus verbreitete sich über die ganze Welt.

Worterklärungen

Ägypten Afrikanisches Land, nicht weit von Palästina entfernt.

Bethlehem Kleine Stadt in Palästina, ganz in der Nähe von Jerusalem. König David, einer der größten Könige in der Geschichte des Volkes Gottes, wurde in Bethlehem geboren. Und Jesus auch.

Christus Ein Wort aus der griechischen Sprache, das dieselbe Bedeutung hat wie Messias.

Emmaus Dorf, das ungefähr 12 Kilometer von Jerusalem entfernt liegt.

Engel Bote Gottes. Engel stehen im Dienst Gottes und führen seinen Willen aus.

Fischer Jemand, der seinen Lebensunterhalt mit dem Fischfang verdient. Einige der besten Freunde Jesu waren Fischer.

Galiläa Nördlicher Teil Palästinas. Dort gab es einen großen See, den See Genezareth, wo viele Fischer ihren Lebensunterhalt verdienten.

Gebet Reden mit und hören auf Gott.

Gesetz Regeln, die vorgeben, wie man sich verhalten soll. Die Juden hatten eine Vielzahl von Gesetzen entwickelt, die über die Zehn Gebote hinausgehen.

Gethsemane Garten, in dem sich Jesus und seine Freunde in der Nacht vor seinem Tod aufhielten.

Gold Kostbares Edelmetall, das man nur einem König schenkte.

Gott Schöpfer der Welt.

Gottesdienst Menschen versammeln sich, um zu Gott zu beten und ihm zu danken.

Grab Ort, an dem ein Toter bestattet wurde. In der Regel eine Höhle.

Herodes Jüdischer König, der im Auftrag der Römer regierte.

Hirte Er ist verantwortlich für Tierherden.

Hoherpriester Der wichtigste Priester, der besondere Aufgaben im Tempel zu verrichten hatte.

Jericho Große Stadt in Palästina.

Jerusalem Wichtigste Stadt im Land Jesu.

Jordan Fluss, der durch Palästina fließt.

Judas Iskariot Einer der besten Freunde Jesu. Aber er ließ Jesus im Stich und verriet seinen Feinden, wo sie ihn finden konnten.

Juden Volk, dessen Vorfahren Gott aus Ägypten befreite (siehe Passafest). Jesus war ein Jude.

Kreuzigen Jemanden töten, indem man ihn an ein Holzkreuz nagelt und dieses aufrichtet. Nur bei den Römern wurden Menschen auf diese Weise hingerichtet.

Krippe Futtertrog für Tiere.

Levit Tempeldiener, der den Priestern half

Messias Wort aus der hebräischen Sprache. Bezeichnung für einen besonderen König, der von Gott gesandt ist. Jesu Volk, die Juden, warteten auf einen Messias, der sie retten würde.

Myrrhe Duftendes Harz, mit dem man einen Leichnam für das Begräbnis vorbereitete

Nazareth Stadt in Galiläa. Dort wuchs Jesus auf.

Opfer Die Menschen opferten Gott Tiere und Getreide, um ihm zu danken oder ihn um Verzeihung zu bitten.

Palästina Name des Landes, in dem Jesus lebte.

Passafest Ein besonderes Fest, an dem die Juden feierten, dass ihre Vorfahren viele hundert Jahre vor Jesu Zeit aus Ägypten geflohen waren. Gott hatte sie aus der Sklaverei befreit.

Petrus Einer der besten Freunde Jesu. Er hieß eigentlich Simon, aber Jesus nannte ihn Petrus, den Felsen. Petrus war Fischer.

Pilger Leute, die zu einem Fest im Tempel nach Jerusalem reisten.

Pontius Pilatus Römischer Statthalter, der in Palästina regierte. Nur er konnte den Befehl geben, Jesus zu kreuzigen.

Priester Jemand, der zwischen Gott und den Menschen vermittelte. Die Priester waren für das verantwortlich, was im Tempel geschah.

Rabbi Religiöser Lehrer.

Römer Volk, das Palästina und viele andere Länder zur Zeit Jesu beherrschte.

Sabbat Samstag, der wöchentliche Feiertag der Juden. An diesem Tag durften sie keine Arbeit verrichten.

Samariter Bewohner Samarias, dem Gebiet zwischen Galiläa und Jerusalem. Juden und Samariter mochten einander nicht, weil sie Gott auf verschiedene Weise anbeteten.

Säulengang Gang, dessen Dach von Säulen getragen wird.

Schriften Die heiligen Schriften erzählen den Menschen von Gott.

Simon siehe Petrus.

Sünde Alles, was den Menschen von Gott trennt.

Synagoge Gebäude, in dem Juden miteinander beteten und die heiligen Schriften lasen.

Taufe Zeichen dafür, dass ein Mensch einen neuen Anfang mit Gott macht. Ein Mensch wird getauft, indem er in Wasser getaucht und wieder hochgehoben wird.

Tempel Der wichtigste Ort, an dem die Menschen zu Jesu Zeiten Gott anbeten konnte. Der Tempel stand in Jerusalem.

Teufel Fürst des Bösen, auch Satan genannt.

Vergeben Sich wieder mit einem Menschen befreunden, der einen Fehler gemacht hat oder etwas Falsches getan hat.

Weihrauch Räucherwerk aus einem bestimmten Baumharz.

Weise Männer Sie entdeckten einen neuen Stern und erkannten daran, dass ein neuer König geboren wurde. Deshalb machten sie sich auf eine lange Reise, um Jesus zu sehen.

Wunder Erstaunliches Ereignis. Etwas Außergewöhnliches, das normalerweise nicht passiert und die Menschen auf Gott hinweist.

Zimmermann Jemand, der mit Holz arbeitet. Jesus erlernte wahrscheinlich den Beruf des Zimmermanns.